Impressum
Verlag: BABADADA GmbH, Nedderfeld 112 , 22529 Hamburg
Geschäftsführer / Verlagsleitung: Harald Hof
Druck: Books on Demand GmbH, In de Tarpen 42, 22848 Norderstedt

Imprint
Publisher: BABADADA GmbH, Nedderfeld 112 , 22529 Hamburg, Germany
Managing Director / Publishing direction: Harald Hof
Print: Books on Demand GmbH, In de Tarpen 42, 22848 Norderstedt, Germany

школа

escola

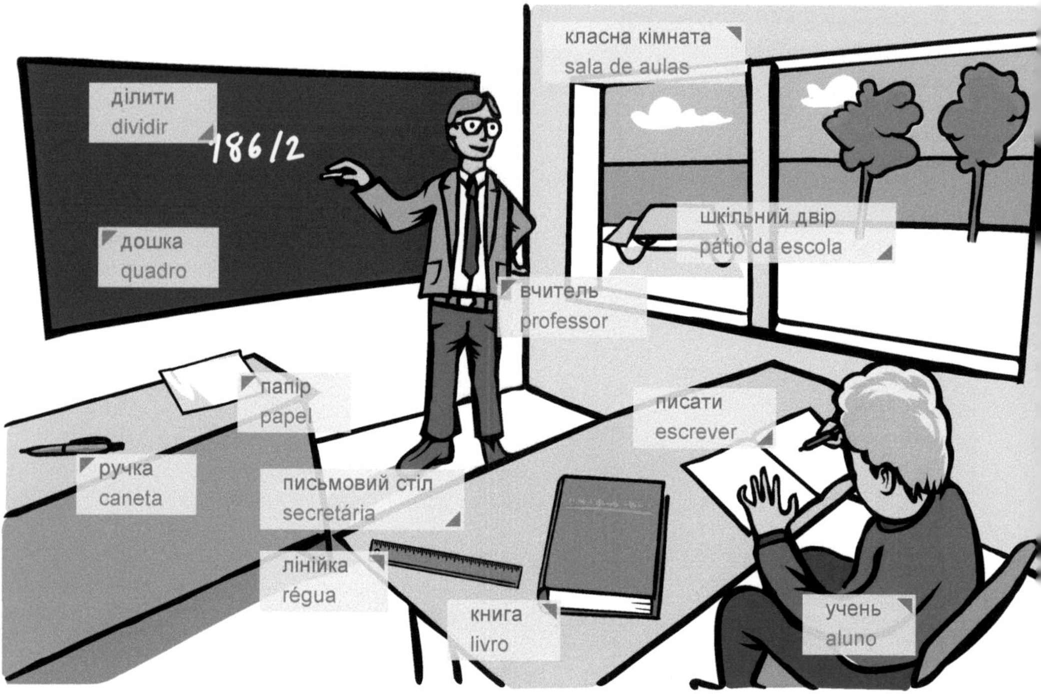

класна кімната
sala de aulas
ділити
dividir
186/2
дошка
quadro
вчитель
professor
шкільний двір
pátio da escola
папір
papel
писати
escrever
ручка
caneta
письмовий стіл
secretária
лінійка
régua
книга
livro
учень
aluno

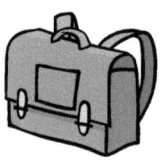

ранець

mochila

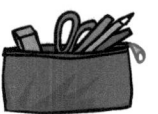

пенал

estojo de lápis

олівець

lápis

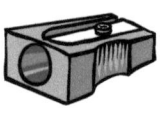

точило

afia-lápis

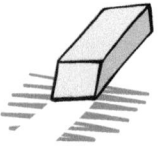

гумка

borracha

альбом для малювання

bloco de desenho

малюнок

desenho

пензель

pincel

коробка фарб

caixa de tintas

ножиці

tesoura

клей

cola

зошит

livro de exercícios

домашнє завдання

trabalhos de casa

12

число

número

2+2

додавати

somar

5-2

віднімати

subtrair

2×2

множити

multiplicar

рахувати

calcular

A

літера

letra

ABCDEFG HIJKLMN OPQRSTU VWXYZ

абетка

alfabeto

hello

слово

palavra

текст

texto

читати

ler

крейда

giz

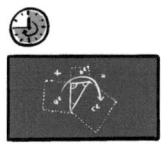

година

hora

класний журнал

registo de presenças

екзамен

exame

диплом

certificado

шкільна форма

uniforme escolar

освіта

educação

лексикон

enciclopédia

університет

universidade

мікроскоп

microscópio

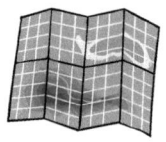

карта

mapa

кошик для паперу

cesto de lixo

подорож
viagem

готель
hotel
Grand
турбаза
hostel
ROOMS
обмінний пункт
casa de câmbio
валіза
mala
автомобіль
carro

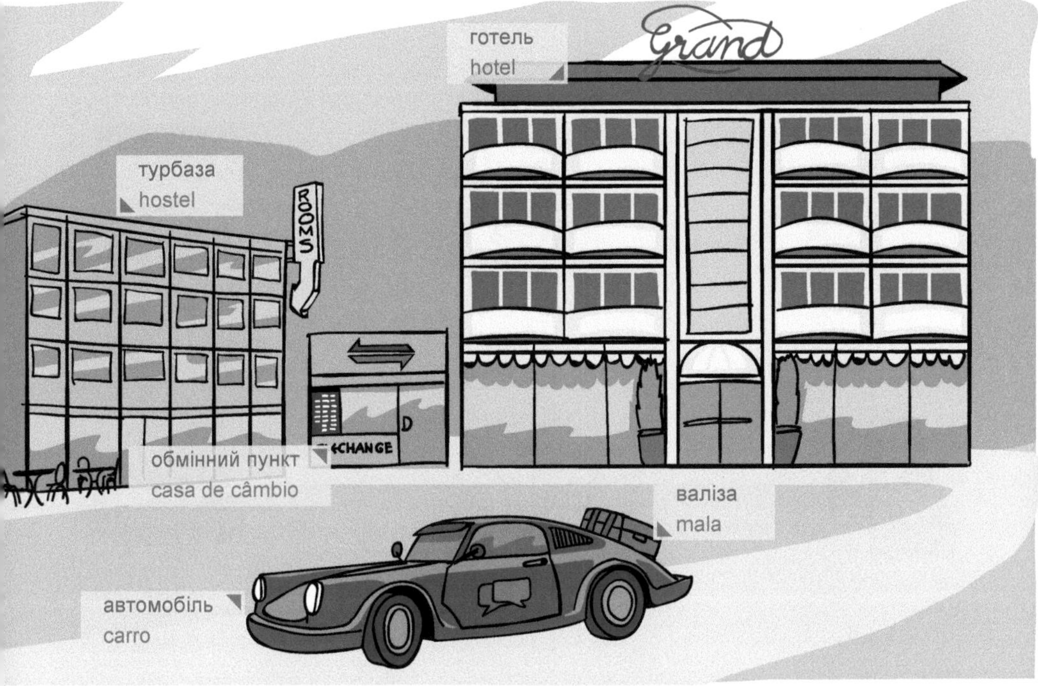

мова

idioma

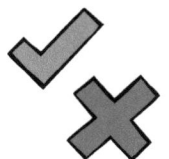

так / ні

sim / não

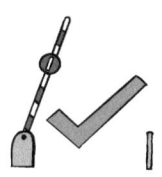

добре

ok / certo / correto

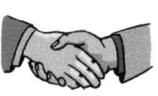

привіт

olá

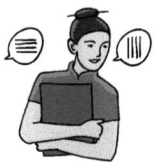

перекладач

intérprete

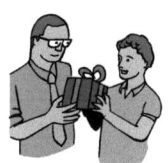

дякую

obrigado

Скільки коштує ...?

quanto é que custa... ?

Я не розумію

não entendo

проблема

problema

Добрий вечір!

boa noite!

Доброго ранку!

Bom dia!

На добраніч!

Boa noite!

До побачення

adeus

напрямок

direção

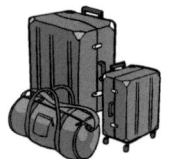

багаж

bagagem

сумка

saco

рюкзак

mochila

гість

convidado

кімната

quarto

спальний мішок

saco-cama

намет

tenda

туристична інформація

informação turística

пляж

praia

кредитна картка

cartão de crédito

сніданок

pequeno-almoço

обід

almoço

вечеря

jantar

квиток

bilhete

ліфт

elevador

поштова марка

selo postal

межа

fronteira

митниця

alfândega

посольство

embaixada

віза

visto

паспорт

passaporte

транспорт
transporte

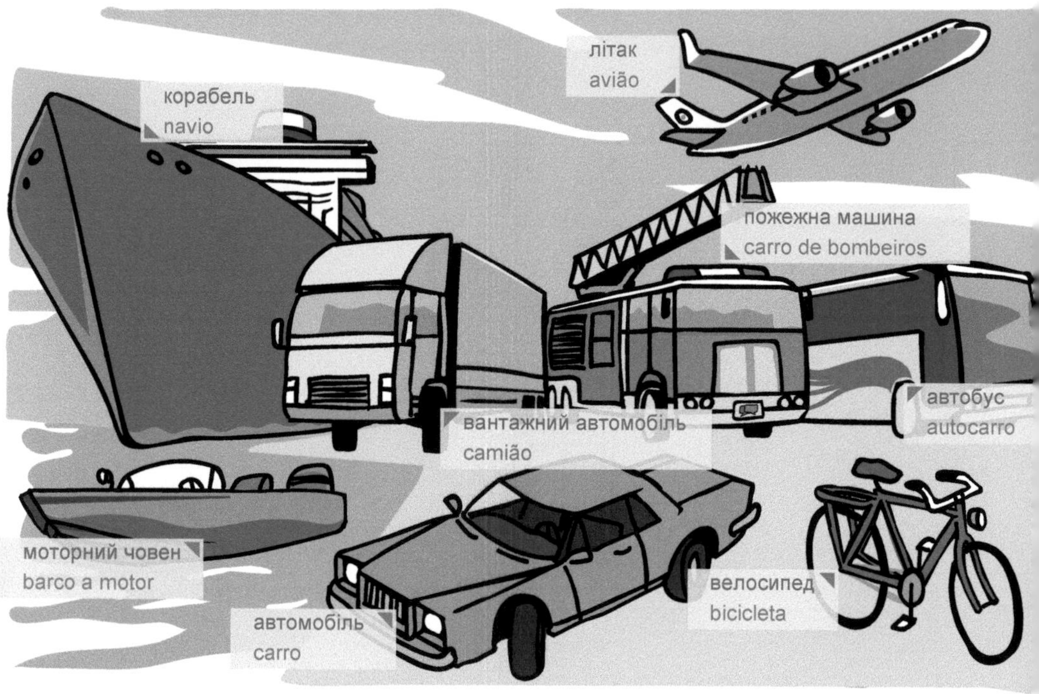

корабель
navio

літак
avião

пожежна машина
carro de bombeiros

автобус
autocarro

вантажний автомобіль
camião

моторний човен
barco a motor

велосипед
bicicleta

автомобіль
carro

пором
cacilheiro

човен
barco

мотоцикл
mota

поліцейська машина
carro de polícia

гоночний автомобіль
carro de corrida

автомобіль на прокат
carro alugado

ільне користування авто

carsharing

евакуатор

camião de reboque

сміттєвоз

camião do lixo

двигун

motor

паливо

combustível

автозаправна станція

estação de serviço

дорожній знак

sinal de trânsito

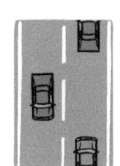

рух

trânsito

затор

congestionamento de
trânsito

стоянка

arque de estacionamento

вокзал

estação ferroviária

рейки

carris

потяг

comboio

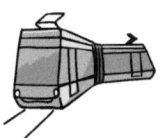

трамвай

elétrico

вагон

carruagem

гелікоптер

helicóptero

аеропорт

aeroporto

вежа

torre

пасажир

passageiro

контейнер

contentor

коробка

caixa de papelão

візок

carrinho

кошик

cesto

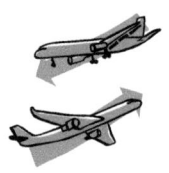

стартувати / приземлятися

levantar voo / aterrar

місто

cidade

село

aldeia

центр міста

centro da cidade

дім

casa

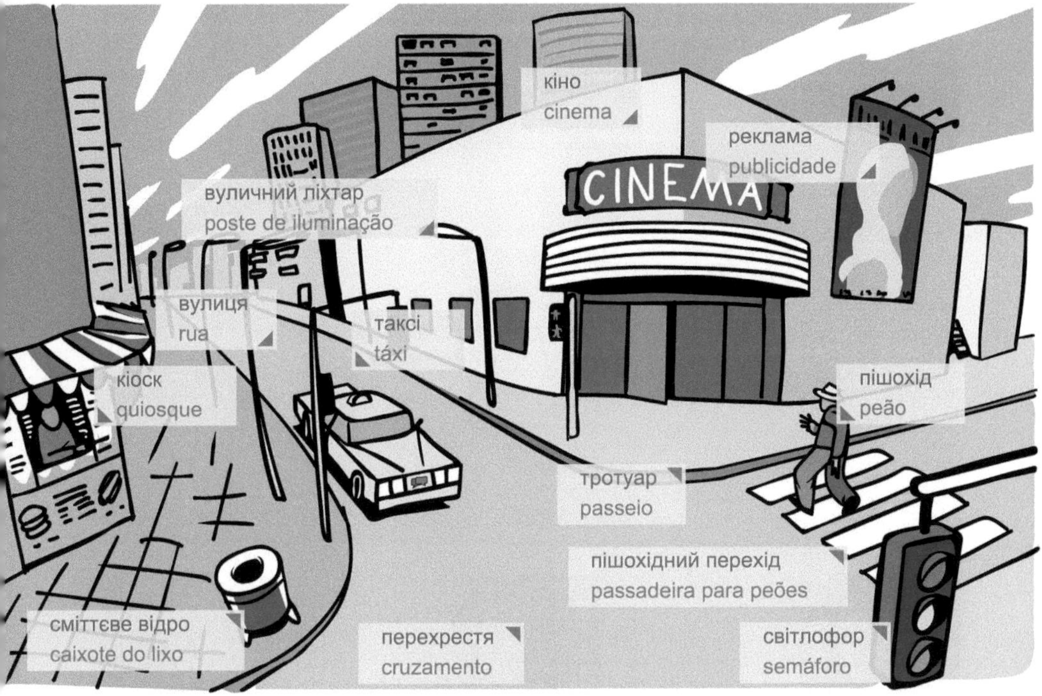

кіно
cinema
CINEMA
реклама
publicidade
вуличний ліхтар
poste de iluminação
вулиця
rua
таксі
táxi
кіоск
quiosque
пішохід
peão
тротуар
passeio
пішохідний перехід
passadeira para peões
сміттєве відро
caixote do lixo
перехрестя
cruzamento
світлофор
semáforo

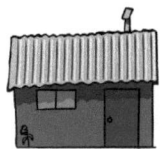

хатина

cabana

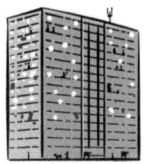

квартира

apartamento

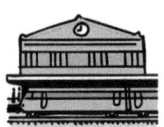

вокзал

estação ferroviária

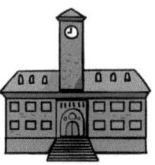

ратуша

câmara municipal

MUSEUM

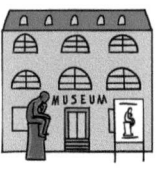

музей

museu

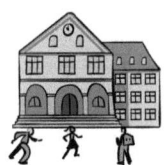

школа

escola

університет

universidade

банк

banco

лікарня

hospital

готель

hotel

аптека

farmácia

офіс

escritório

книжковий магазин

livraria

магазин

loja

квітковий магазин

florista

супермаркет

supermercado

ринок

mercado

універмаг

loja de departamentos

торговець рибою

peixaria

торговельний центр

centro comercial

гавань

porto

парк

parque

лава

banco

міст

ponte

сходи

escadas

метро

metro

тунель

túnel

автобусна зупинка

paragem de autocarro

бар

bar

ресторан

restaurante

поштова скринька

caixa de correio

вулична табличка

sinal de trânsito

лічильник паркування

parquímetro

зоопарк

jardim zoológico

басейн

piscina

мечеть

mesquita

ферма
quinta

забруднення
навколишнього
середовища
poluição

кладовище
cemitério

церква
igreja

дитячий майданчик
parque infantil

храм
templo

ландшафт
paisagem

листок
folha

вказівний стовп
placa de sinalização

шлях
caminho

луг
prado

камінь
pedra

мандрівник
caminhantes

дерево
árvore

річка
rio

трава
relva

квітка
flor

долина

vale

гора

montanha

озеро

lago

ліс

floresta

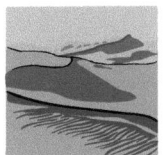

пустеля

deserto

вулкан

vulcão

замок

castelo

веселка

arco-íris

гриб

cogumelo

пальма

palma

комар

mosquito

муха

mosca

мурашка

formiga

бджола

abelha

павук

aranha

жук

besouro

жаба

sapo

вивірка

esquilo

їжак

ouriço

заєць

lebre

сова

coruja

птах

pássaro

лебідь

cisne

кабан

javali

олень

veado

лось

alce

гребля

barragem

вітряк

turbina eólica

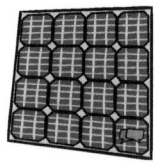

сонячний модуль

painel solar

клімат

clima

ресторан
restaurante

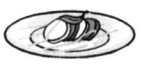

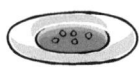

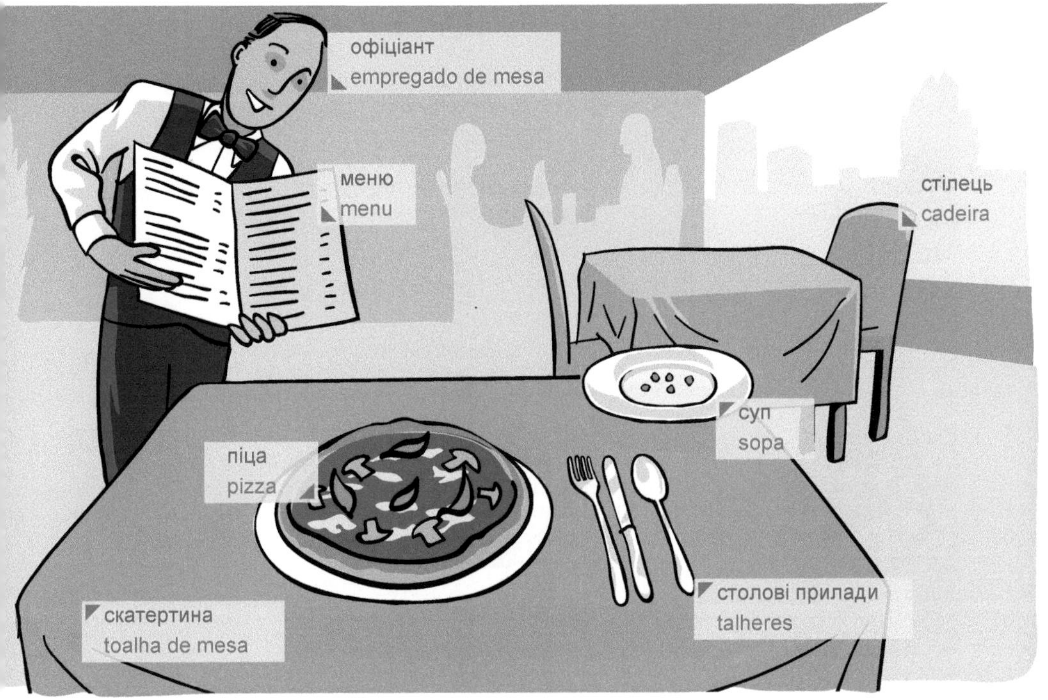

офіціант
empregado de mesa
меню
menu
стілець
cadeira
суп
sopa
піца
pizza
столові прилади
talheres
скатертина
toalha de mesa

закуска

entrada

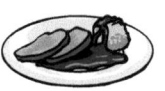

друга страва

prato principal

десерт

sobremesa

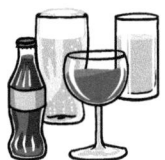

напої

bebidas

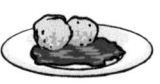

їжа

comida

пляшка

garrafa

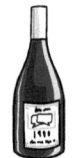

фаст-фуд

fast food

вулична їжа

comida de rua

чайник

bule de chá

цукорниця

açucareiro

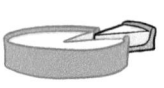

порція

porção

еспресо-машина

máquina de café expresso

високий стільчик

cadeira alta

рахунок

conta

піднос

bandeja

ніж

faca

вилка

garfo

ложка

colher

чайна ложка

colher de chá

серветка

guardanapo

склянка

copo

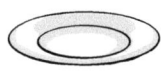

тарілка
prato

тарілка для супу
prato de sopa

блюдце
pires

соус
molho

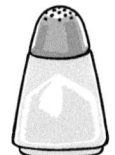

солонка
saleiro

млин для перцю
moinho de pimenta

оцет
vinagre

масло
óleo

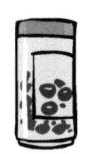

спеції
especiarias

кетчуп
ketchup

гірчиця
mostarda

майонез
maionese

супермаркет
supermercado

пропозиція
oferta especial
FOR
клієнт
cliente
молочні продукти
laticínios
фрукти
fruta
візок для покупок
carrinho de compras

BUTCHERS

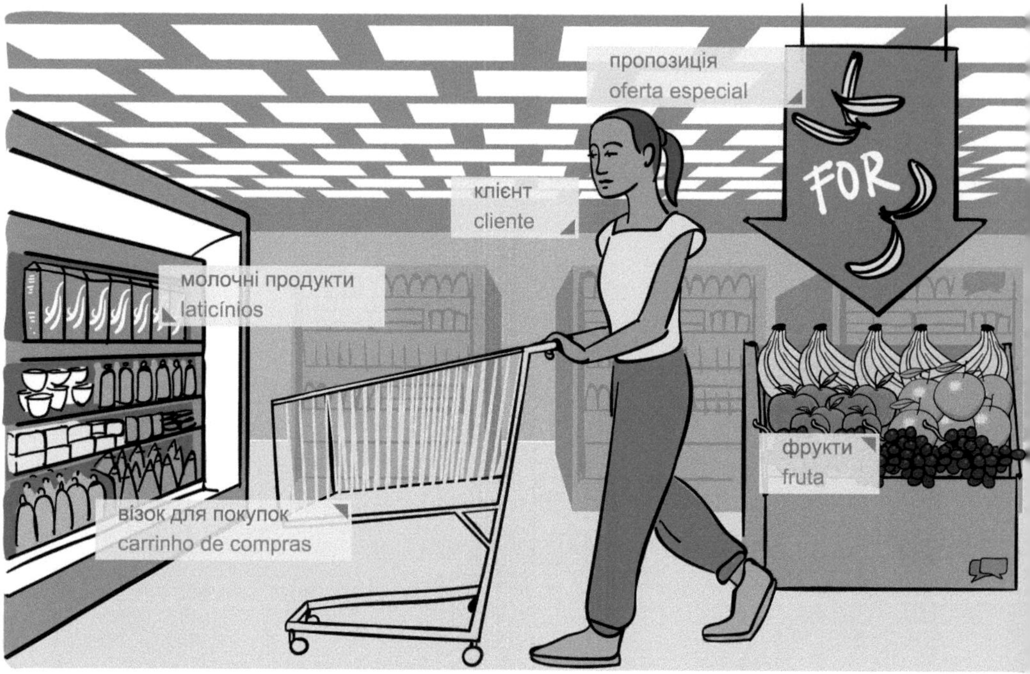

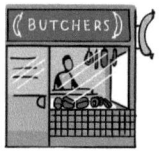

м'ясний магазин

talho

BAKERY

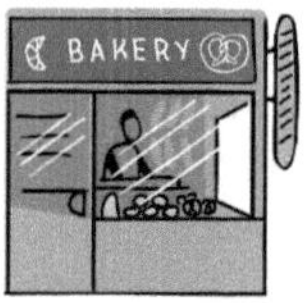

пекарня

padaria

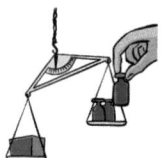

зважувати

pesar

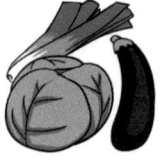

овочі

vegetais

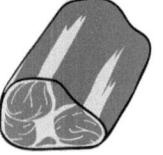

м'ясо

carne

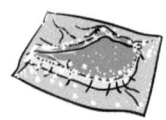

заморожені продукти

alimentos congelados

ковбасна нарізка

charcutaria

консерви

comida enlatada

пральний порошок

detergente em pó

солодощи

doces

предмети домашнього побуту

artigos domésticos

мийний засіб

produtos de limpeza

продавщиця

vendedora

каса

caixa

касир

caixa

список покупок

lista de compras

часи роботи

horário de funcionamento

гаманець

carteira

кредитна картка

cartão de crédito

сумка

saco

поліетиленовий пакет

saco de plástico

вода

água

сік

sumo

молоко

leite

кола

coca-cola

вино

vinho

пиво

cerveja

алкоголь

álcool

какао

cacau

чай

chá

кава

café

еспресо

café expresso

капучіно

capuccino

банан

banana

яблуко

maçã

апельсин

laranja

кавун

melão

лимон

limão

морква

cenoura

часник

alho

бамбук

bambu

цибуля

cebola

гриб

cogumelo

горішки

nozes

локшина

talharim

спагеті

esparguete

рис

arroz

салат

salada

картопля фрі

batatas fritas

смажена картопля

batatas fritas

піца

pizza

гамбургер

hambúrguer

бутерброд

sanduíche

шніцель

bife panado

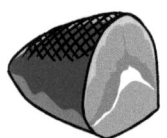

шинка

fiambre

салямі

salame

ковбаса

salsicha

курка

galinha

печеня

assado

риба

peixe

вівсяні пластівці

flocos de aveia

мюслі

muesli

кукурудзяні пластівці

flocos de milho

борошно

farinha

круасан

croissant

булочка

carcaça (pãozinho)

хліб

pão

тостовий хліб

torrada

печиво

biscoitos

масло

manteiga

сир

requeijão

пиріг

bolo

яйце

ovo

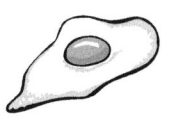

яєчня

ovo estrelado

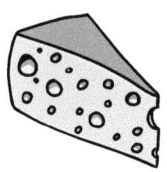

сир

queijo

морозиво

gelado

цукор

açúcar

мед

mel

мармелад

compota

нуга-крем

creme de nougat

карі

caril

ферма
quinta

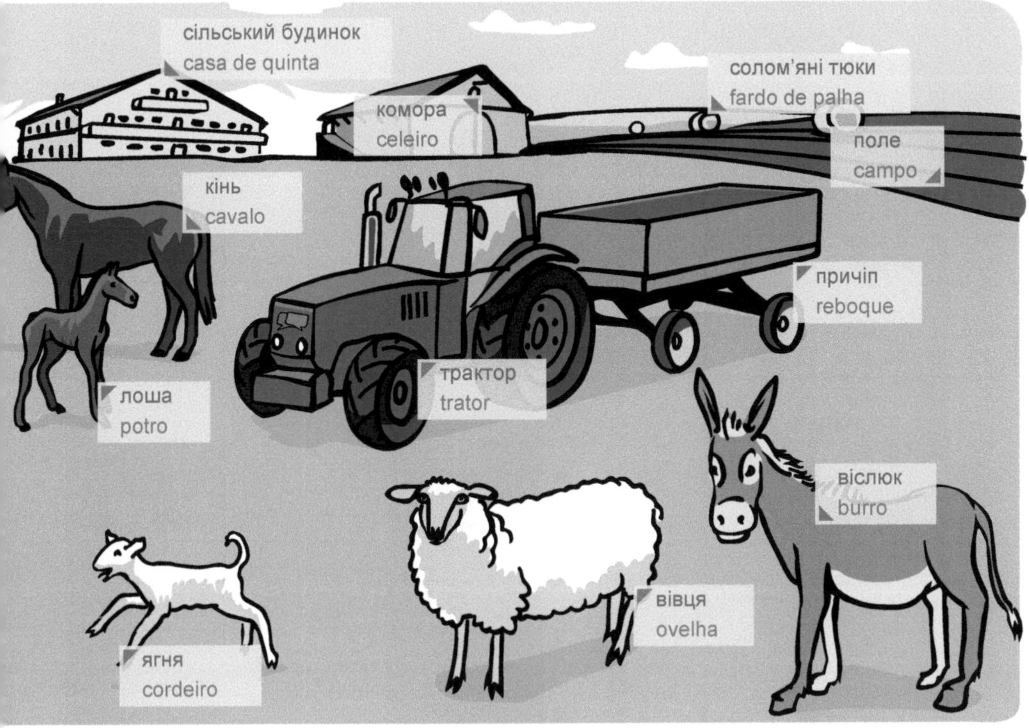
сільський будинок
casa de quinta
солом'яні тюки
fardo de palha
комора
celeiro
поле
campo
кінь
cavalo
причіп
reboque
трактор
trator
лоша
potro
віслюк
burro
вівця
ovelha
ягня
cordeiro

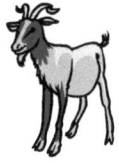

коза
cabra

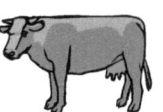

корова
vaca

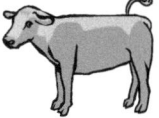

теля
bezerro

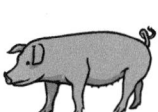

свиня
porco

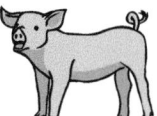

порося
leitão

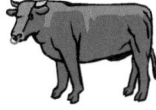

бик
touro

гусак

ganso

качка

pato

курча

pintaínho

курка

galinha

півень

galo

щур

ratazana

кіт

gato

миша

rato

віл

boi

собака

cão

собача будка

casota

садовий шланг

mangueira de jardim

лійка

regador

коса

foice

плуг

arado

серп
foice

мотика
enxada

вила
forquilha

сокира
machado

тачка
carrinho de mão

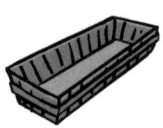

корито
manjedoura

бідон молока
jarro de leite

мішок
saco

паркан
cerca

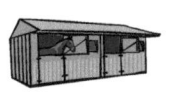

хлів
estábulo

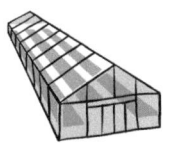

теплиця
estufa

ґрунт
solo

насіння
semente

добриво
fertilizante

комбайн
ceifeira-debulhadora

пожинати

colher

урожай

colheita

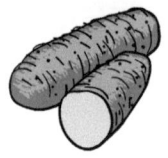

корінь ямсу

inhame

пшениця

trigo

соя

soja

картопля

batata

кукурудза

milho

ріпак

colza

плодове дерево

árvore de fruto

маніок

mandioca

злаки

cereais

димохід
chaminé

дах
telhado

водостічний лоток
caleira

вікно
janela

гараж
garagem

дзвінок
campainha da porta

двері
porta

відро для сміття
balde do lixo

поштова скринька
caixa de correio

сад
jardim

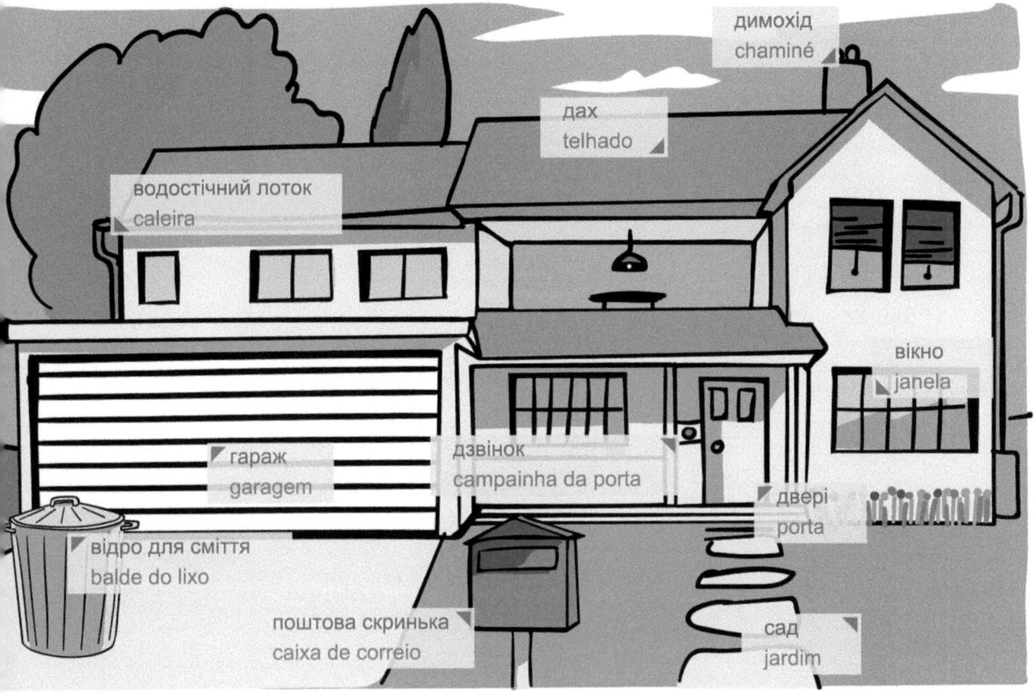

вітальня
....
sala de estar

ванна кімната
....
casa de banho

кухня
....
cozinha

спальня
....
quarto de dormir

дитяча кімната
....
quarto de criança

їдальня
....
sala de jantar

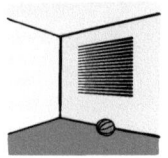

підлога

chão

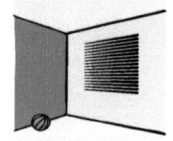

стіна

parede

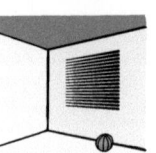

стеля

teto

підвал

cave

сауна

sauna

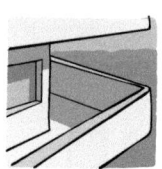

балкон

varanda

тераса

terraço

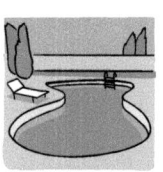

басейн

piscina

косарка

máquina de cortar relvado

простирало

lençol

ковдра

cobertor

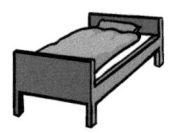

ліжко

cama

мітла

vassoura

відро

balde

перемикач

interruptor

вітальня

sala de estar

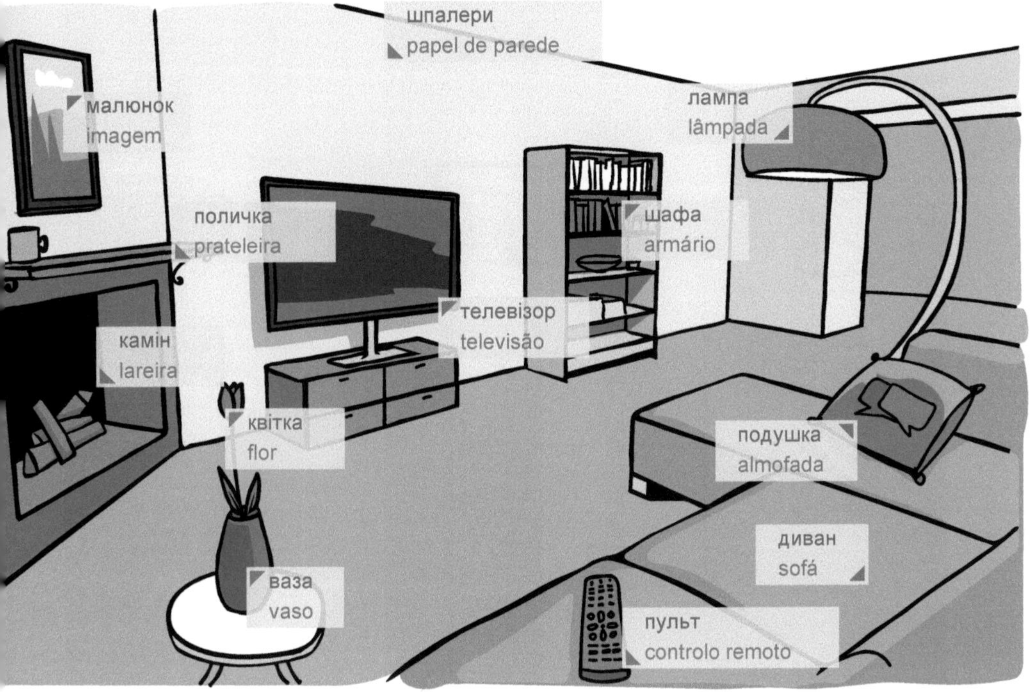

шпалери
papel de parede
малюнок
imagem
лампа
lâmpada
поличка
prateleira
шафа
armário
телевізор
televisão
камін
lareira
квітка
flor
подушка
almofada
диван
sofá
ваза
vaso
пульт
controlo remoto

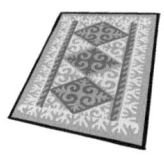

килим

tapete

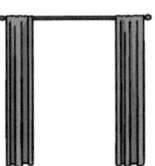

завіса

cortina

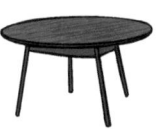

стіл

mesa

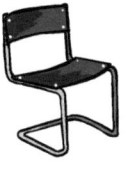

стілець

cadeira

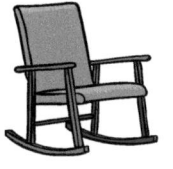

крісло-гойдалка

cadeira de baloiço

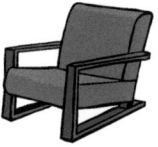

крісло

poltrona

книга

livro

ковдра

cobertor

прикраса

decoração

дрова

lenha

фільм

filme

стереосистема

sistema estéreo

ключ

chave

газета

jornal

картина

pintura

плакат

póster

радіо

rádio

блокнот

bloco de notas

пилосос

aspirador

кактус

cato

свічка

vela

кухня

cozinha

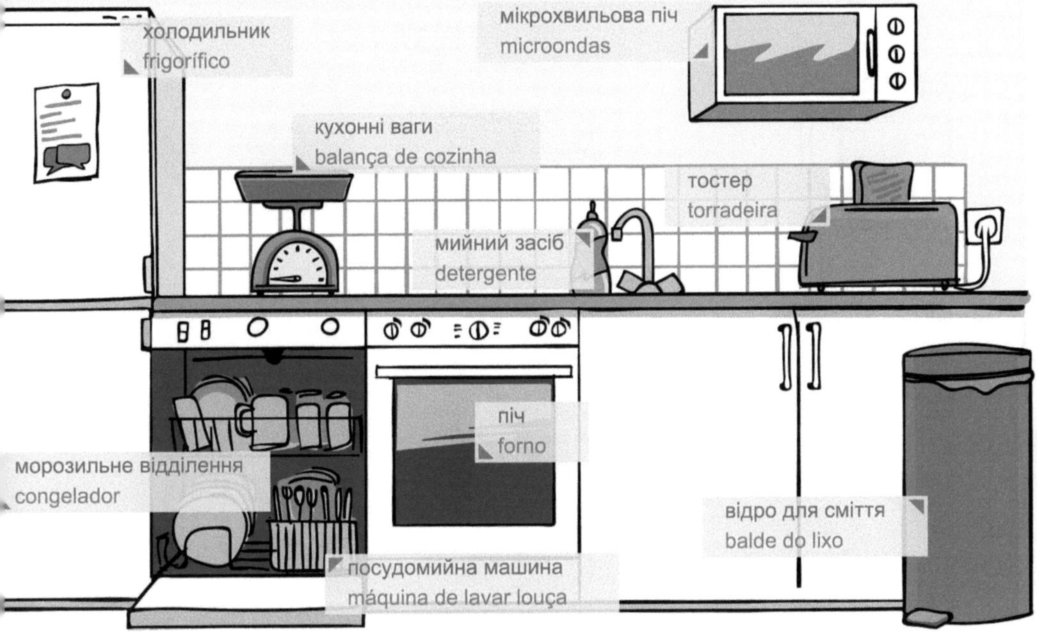
холодильник
frigorífico
мікрохвильова піч
microondas
кухонні ваги
balança de cozinha
тостер
torradeira
мийний засіб
detergente
піч
forno
морозильне відділення
congelador
відро для сміття
balde do lixo
посудомийна машина
máquina de lavar louça

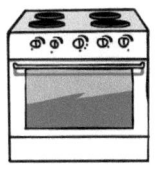

плита
fogão

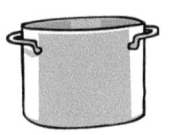

горщик
panela

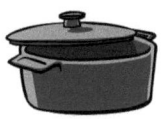

чавунний горщик
panela de ferro

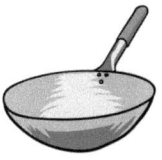

вок / кадай
wok / kadai

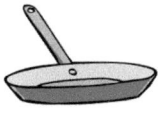

сковорода
frigideira

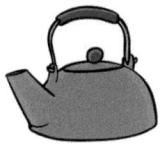

чайник
chaleira

пароварка

panela a vapor

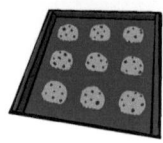

лист

tabuleiro de forno

посуд

louça

кухоль

caneca

чаша

tigela

палички для їжі

pauzinhos

черпак

concha de sopa

лопатка

espátula

вінчик для збивання

batedor de claras

сито

escorredor

сито

peneira

терка

ralador

ступка

almofariz

барбекю

churrasqueira

багаття

lareira

дошка

tábua de cortar

качалка

rolo da massa

штопор

saca-rolhas

конзерва

lata

відкривачка

abridor de latas

прихватки

luvas de forno

раковина

lava-loiça

щітка

escova

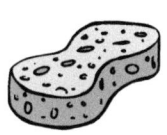

губка

esponja

міксер

liquidificador

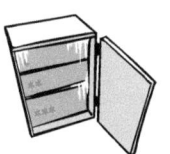

морозильна камера

arca frigorífica

дитяча пляшка

biberão

кран

torneira

ванна кімната
casa de banho

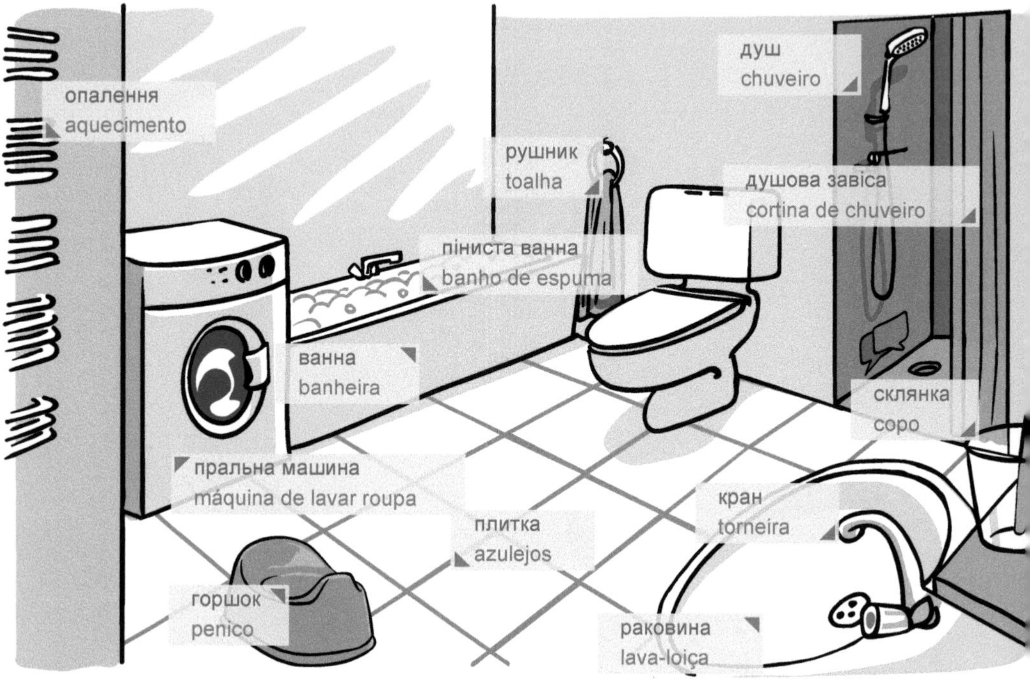

опалення
aquecimento
рушник
toalha
душ
chuveiro
душова завіса
cortina de chuveiro
пінистa ванна
banho de espuma
ванна
banheira
склянка
copo
пральна машина
máquina de lavar roupa
кран
torneira
плитка
azulejos
горшок
penico
раковина
lava-loiça

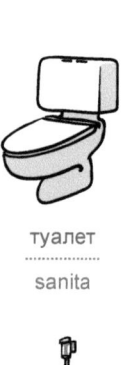

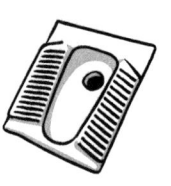

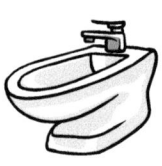

туалет
sanita

підлоговий туалет
retrete turca

біде
bidé

пісуар
urinol

туалетний папір
papel higiénico

щітка для туалету
piaçaba

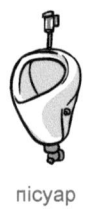

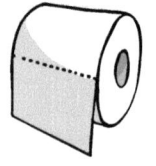

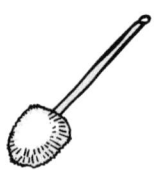

зубна щітка

escova de dentes

зубна паста

pasta de dentes

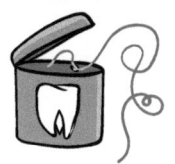

нитка для чищення зубів

fio dentário

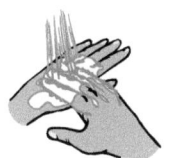

мити

lavar

ручний душ

chuveiro de mão

інтимний душ

duche íntimo

таз

bacia

щітка для спини

escova para as costas

мило

sabonete

гель для душу

gel de banho

шампунь

champô

мочалка

toalha de rosto

водостік

escoamento

крем

creme

дезодорант

desodorizante

дзеркало
espelho

косметичне дзеркало
espelho de mão

бритва
máquina de barbear

піна для гоління
creme de barbear

лосьйон після гоління
loção pós-barba

гребінь
pente

щітка
escova

фен
secador de cabelo

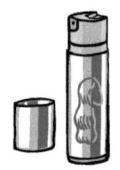

лак для волосся
spray de cabelo

косметика
maquilhagem

губна помада
batom

лак для нігтів
verniz de unhas

вата
algodão

ножиці для нігтів
tesoura para unhas

парфум
perfume

косметичка

nécessaire

табурет

tamborete

ваги

balança

халат

roupão de banho

гумові рукавички

luvas de borracha

тампон

tampão

гігієнічні прокладки

penso higiénico

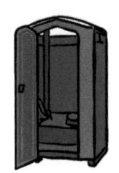

біотуалет

WC químico

дитяча кімната

quarto de criança

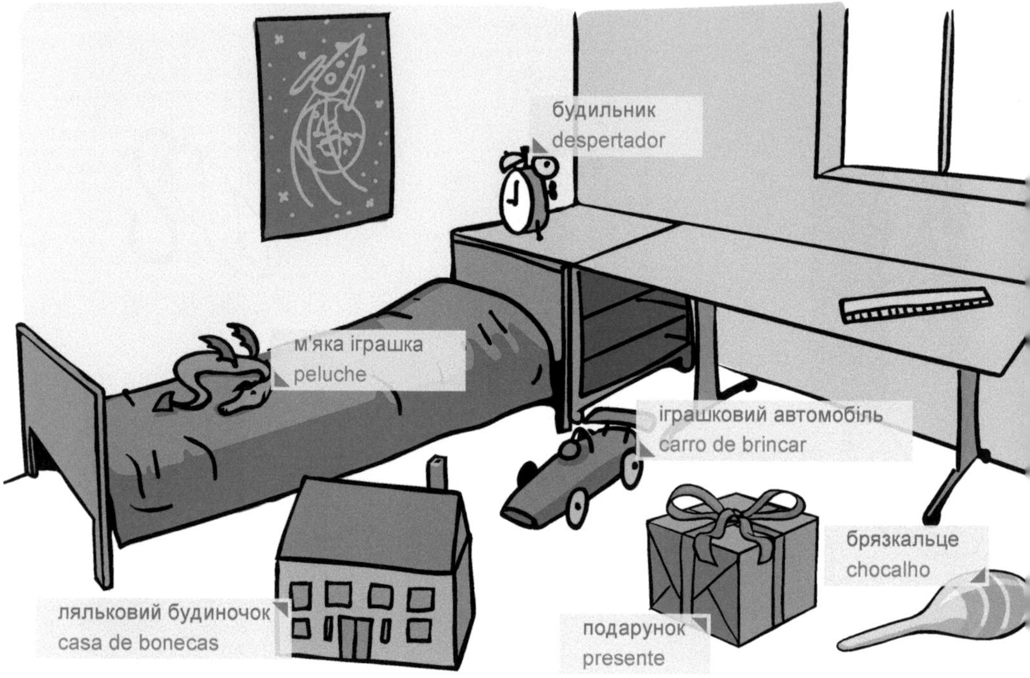

будильник
despertador
м'яка іграшка
peluche
іграшковий автомобіль
carro de brincar
брязкальце
chocalho
ляльковий будиночок
casa de bonecas
подарунок
presente

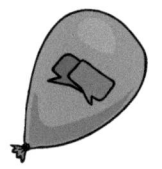

повітряна кулька

balão

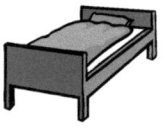

ліжко

cama

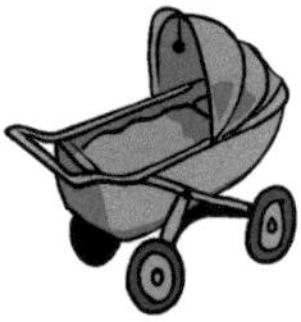

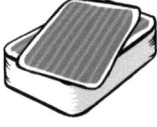

дитячий візок

carrinho de bebé

картярська гра

jogo de cartas

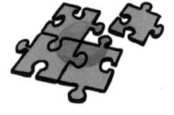

пазл

quebra-cabeças

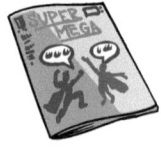

комікс

banda desenhada

лего цеглинки

peças de Lego

блоки

blocos de construção

іграшкова фігурка

figura de ação

повзунки

fato de bebé

фризбі

Frisbee

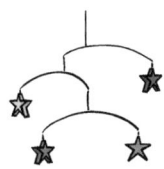

мобіле

móbile para bebé

настільна гра

jogo de tabuleiro

кубик

dados

модель залізнична станція

pista de comboio elétrico

соска

chupeta

вечірка

festa

книжка з картинками

livro ilustrado

м'яч

bola

лялька

boneca

грати

jogar

пісочниця

caixa de areia

гойдалка

baloiço

іграшка

brinquedos

гральна консоль

consola de jogos

триколісний велосипед

triciclo

плюшевий мішка

ursinho de peluche

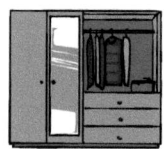

шафа

guarda-roupa

шкарпетки

meias

панчохи

meias pelo joelho

колготки

meias-calças

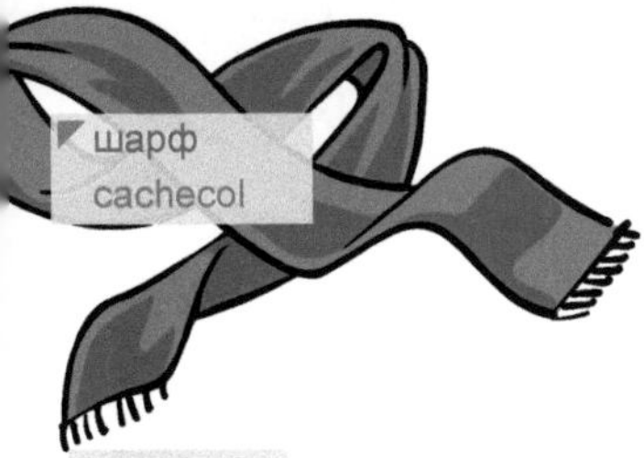

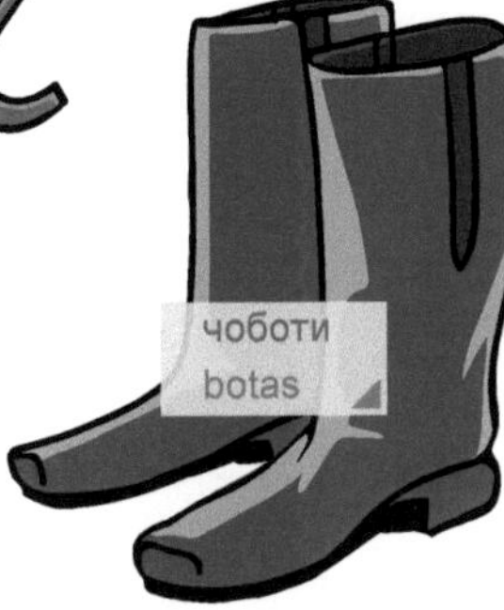

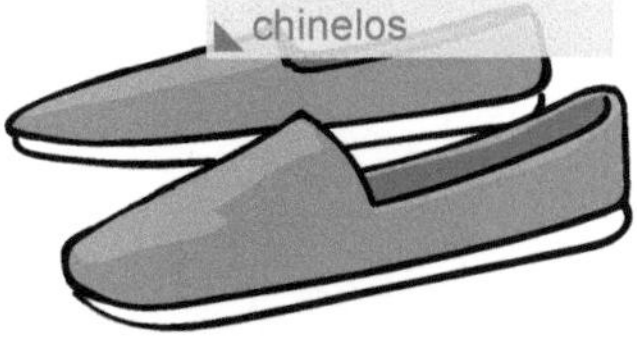

шарф
cachecol

ремінь
cinto

парасоля
guarda-chuva

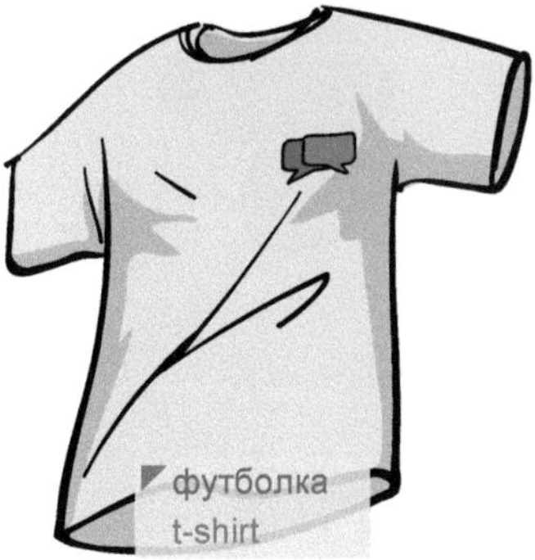

футболка
t-shirt

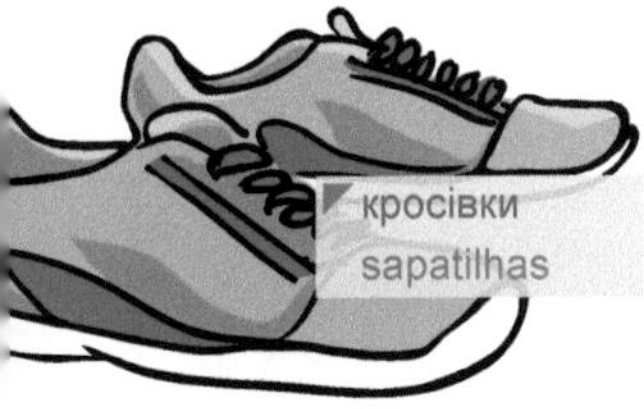

чоботи
botas

домашнє взуття
chinelos

кросівки
sapatilhas

сандалі
sandálias

взуття
sapatos

гумові чоботи
botas de borracha

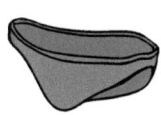

труси
cuecas

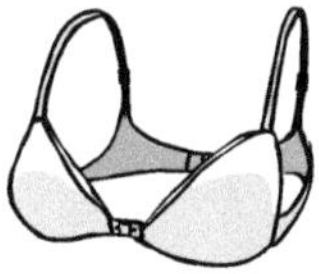

бюстгальтер
sutiã

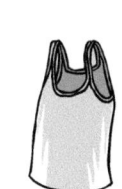

нижня сорочка
camisola interior

боді

body

штани

calças

джинси

calças de ganga

спідниця

saia

блузка

blusa

сорочка

camisa

пуловер

pulôver

светр

camisola com capuz

піджак

blazer

куртка

casaco

пальто

manto

дощовик

gabardina

костюм

traje

сукня

vestido

весільна сукня

vestido de casamento

костюм

fato

нічна сорочка

camisa de dormir

піжама

pijama

capi

sari

головна хустка

lenço de cabeça

чалма

turbante

бурка

burca

кафтан

cafetã

абая

abaya

купальник

fato de banho

плавки

calções de banho

шорти

calções

тренувальний костюм

fato de treino .

фартух

avental

рукавички

luvas

гудзик

botão

окуляри

óculos

браслет

pulseira

ланцюг

colar

кільце

anel

сережка

brinco

шапка

boné

плічка

cabide

капелюх

chapéu

краватка

gravata

застібка-блискавка

fecho de correr

шолом

capacete

підтяжки

suspensórios

шкільна форма

uniforme escolar

уніформа

uniforme

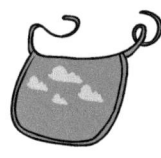

нагрудник

babete

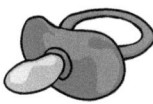

соска

chupeta

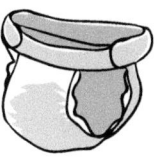

підгузок

fralda

офіс

escritório

сервер
servidor
шаф для документів
armário de arquivo
папір
papel
принтер
impressora
монітор
ecrã
письмовий стіл
secretária
миша
rato
папка
pasta
синтезатор
teclado
кошик для паперу
cesto de lixo
комп'ютер
computador
стілець
cadeira

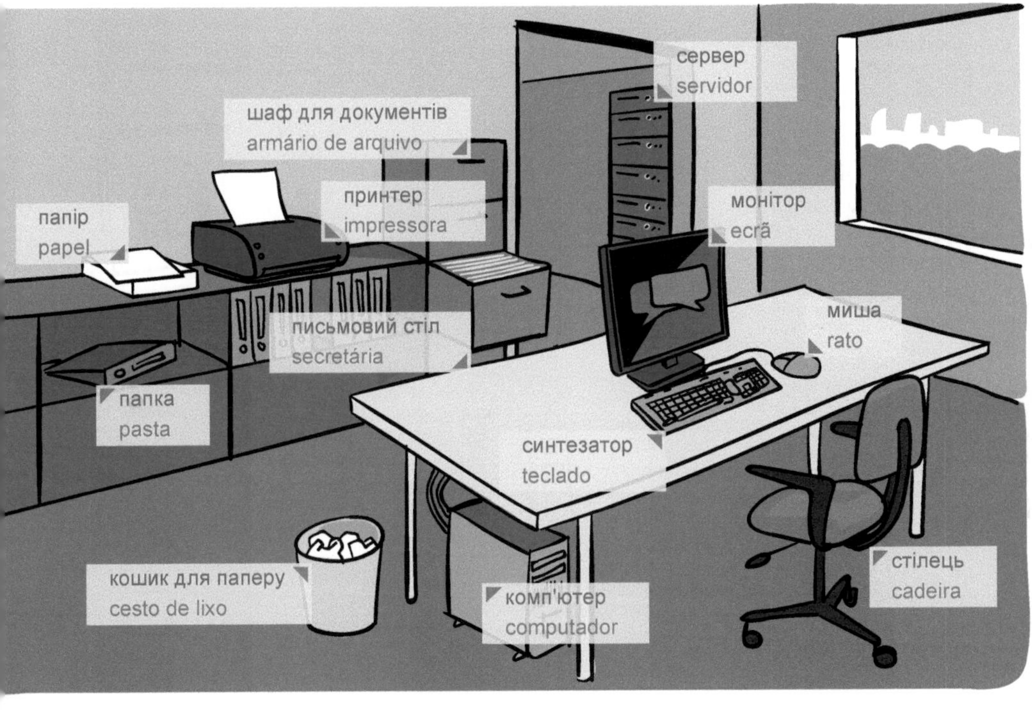

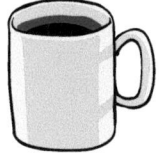

кавовий кухоль

caneca de café

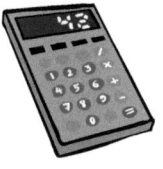

калькулятор

calculadora

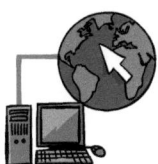

інтернет

internet

ноутбук

computador portátil

лист

carta

повідомлення

mensagem

мобільний телефон

telemóvel

мережа

rede

копіювальний пристрій

fotocopiadora

програмне забезпечення

software

телефон

telefone

розетка

tomada elétrica

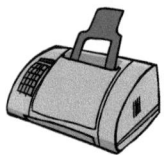

факс

fax

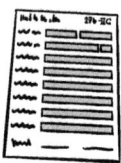

бланк

formulário

документ

documento

купувати

comprar

платити

pagar

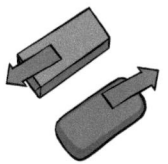

торгувати

negociar

гроші

dinheiro

долар

dólar

євро

euro

ієна

yen

рубль

rublo

франк

franco suíço

юанів женьміньбі

renminbi yuan

рупія

rupia

банкомат

caixa de multibanco

обмінний пункт

casa de câmbio

золото

ouro

срібло

prata

нафта

petróleo

енергія

energia

ціна

preço

контракт

contrato

податок

imposto

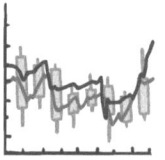

акція

ação

працювати

trabalhar

працівник

empregado

роботодавець

entidade patronal

фабрика

fábrica

магазин

loja

професії
profissões

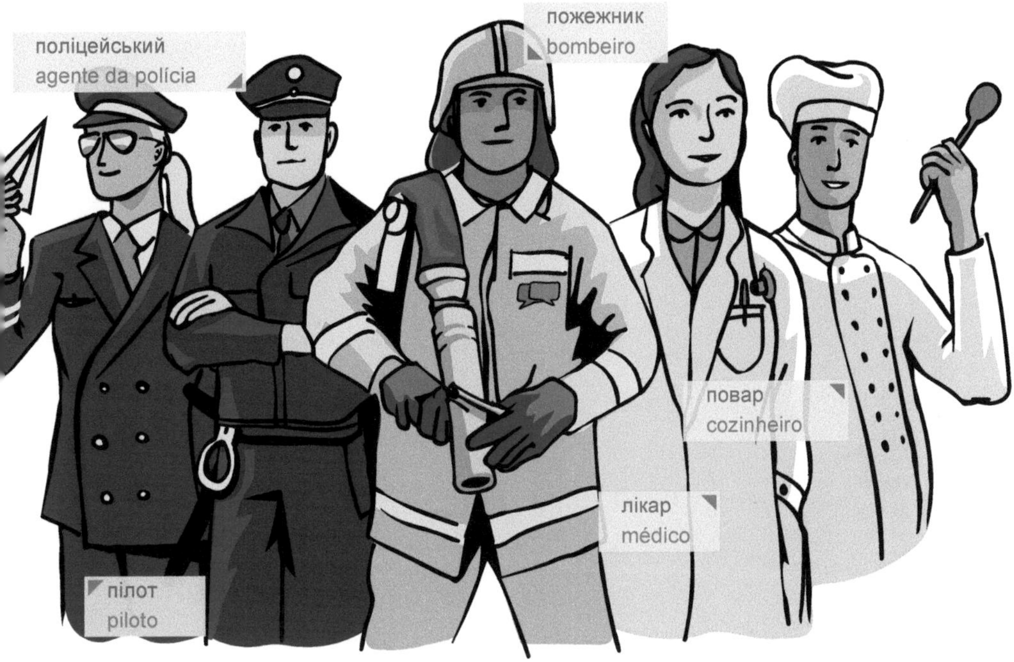
поліцейський
agente da polícia
пожежник
bombeiro
повар
cozinheiro
лікар
médico
пілот
piloto

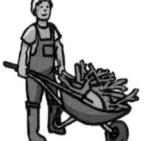

садівник

jardineiro

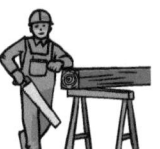

столяр

carpinteiro

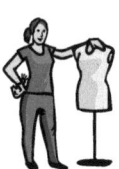

швачка

costureira

суддя

juiz

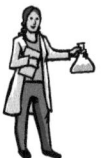

хімік

químico

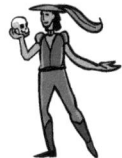

актор

ator

водій автобуса

motorista de autocarro

таксист

motorista de táxi

рибалка

pescador

прибиральниця

empregada de limpeza

покрівельник

telhador

офіціант

empregado de mesa

мисливець

caçador

художник

pintor

пекар

padeiro

електрик

eletricista

будівельник

construtor

інженер

engenheiro

забійник

talhante

бляхар

canalizador

листоноша

carteiro

солдат

soldado

архітектор

arquiteto

касир

caixa

флорист

florista

перукар

cabeleireiro

кондуктор

controlador de bilhetes

механік

mecânico

капітан

capitão

дантист

dentista

вчений

cientista

рабин

rabino

імам

imã

монах

monge

пастор

pastor

інструменти
ferramentas

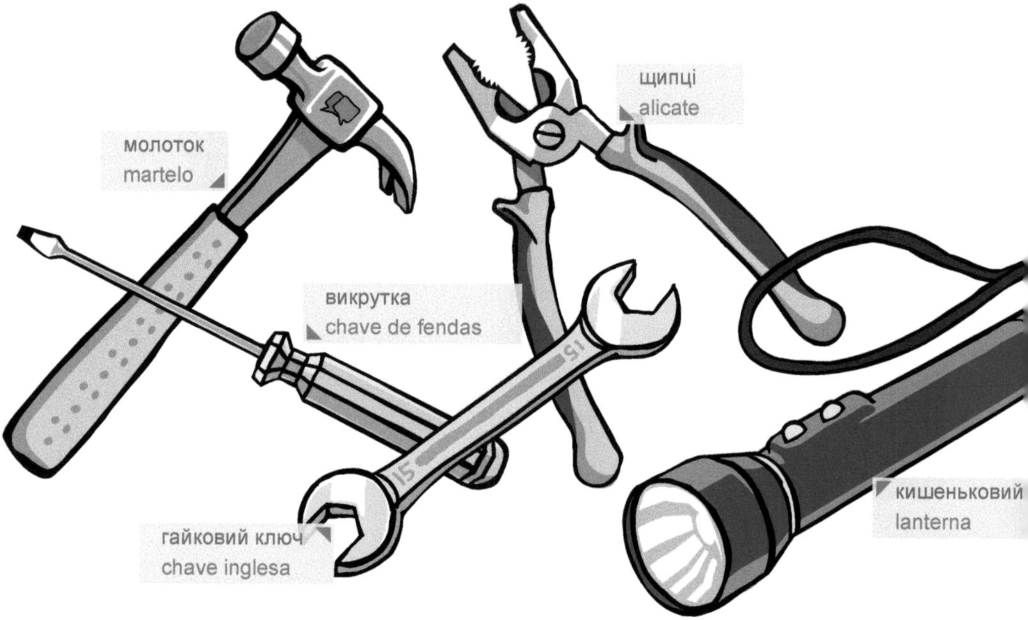

щипці
alicate
молоток
martelo
викрутка
chave de fendas
кишеньковий
lanterna
гайковий ключ
chave inglesa

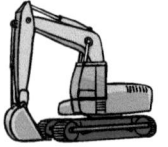

екскаватор

escavadora

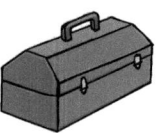

ящик для інструментів

caixa de ferramentas

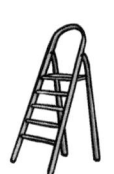

драбина

escadote

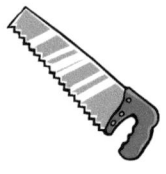

пилка

serra

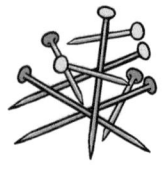

цвяхи

pregos

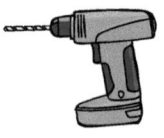

свердло

broca

ремонтувати

reparar

лопата

pá

лайно!

porcaria!

совок

pá de lixo

відро з фарбою

pote de tinta

гвинти

parafusos

музичні інструменти
instrumentos musicais

динамік
altifalante

ударна установка
bateria

гітара
guitarra

контрабас
contrabaixo

труба
trompete

фортепіано

piano

скрипка

violino

бас

baixo

литаври

timbales

барабан

tambor

клавіатура

teclado

саксофон

saxofone

флейта

flauta

мікрофон

microfone

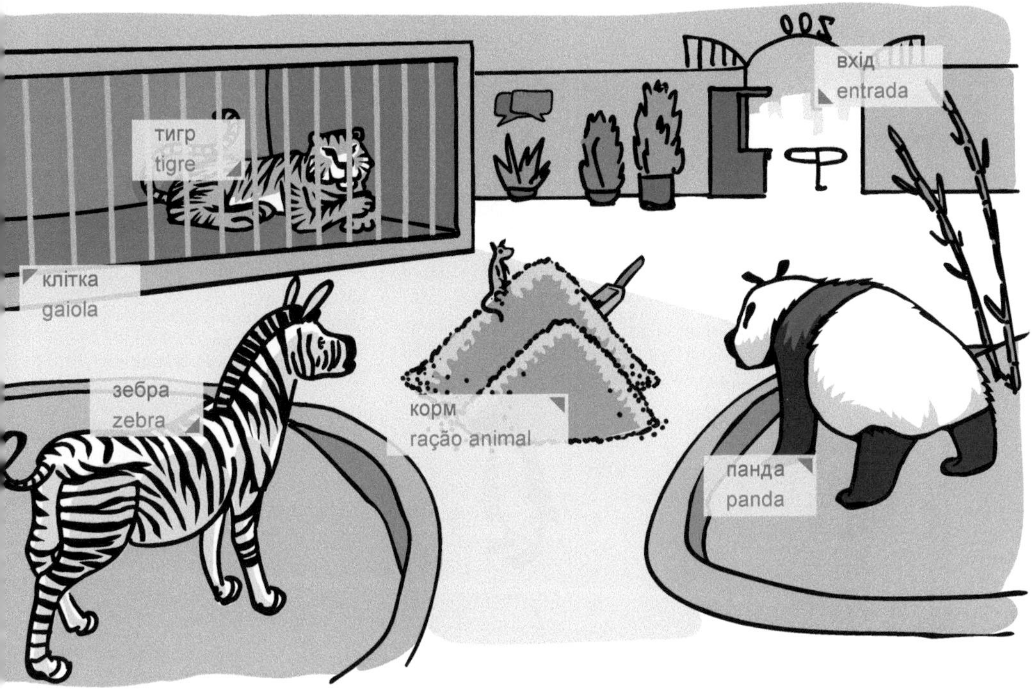

вхід
entrada

тигр
tigre

клітка
gaiola

зебра
zebra

корм
ração animal

панда
panda

тварини

animais

слон

elefante

кенгуру

canguru

носоріг

rinoceronte

горила

gorila

ведмідь

urso

верблюд

camelo

страус

avestruz

лев

leão

мавпа

macaco

фламінго

flamingo

папуга

papagaio

білий ведмідь

urso polar

пінгвін

pinguim

акула

tubarão

павич

pavão

змія

cobra

крокодил

crocodilo

працівник зоопарку

guarda do jardim zoológico

тюлень

foca

ягуар

jaguar

поні

pónei

леопард

leopardo

гіпопотам

hipopótamo

жираф

girafa

орел

águia

кабан

javali

риба

peixe

черепаха

tartaruga

морж

morsa

лисиця

raposa

газель

gazela

американський футбол
futebol americano

їзда на велосипеді
ciclismo

теніс
ténis

баскетбол
basquetebol

плавання
natação

бокс
boxe

хокей
hóquei no gelo

футбол
futebol

бадмінтон
badminton

легка атлетика
atletismo

гандбол
andebol

лижні перегони
esqui

поло
polo

дії

atividades

сміятися
rir
стрибати
saltar
обіймати
abraçar
йти
andar
співати
cantar
мріяти
sonhar
молитися
rezar
цілувати
beijar

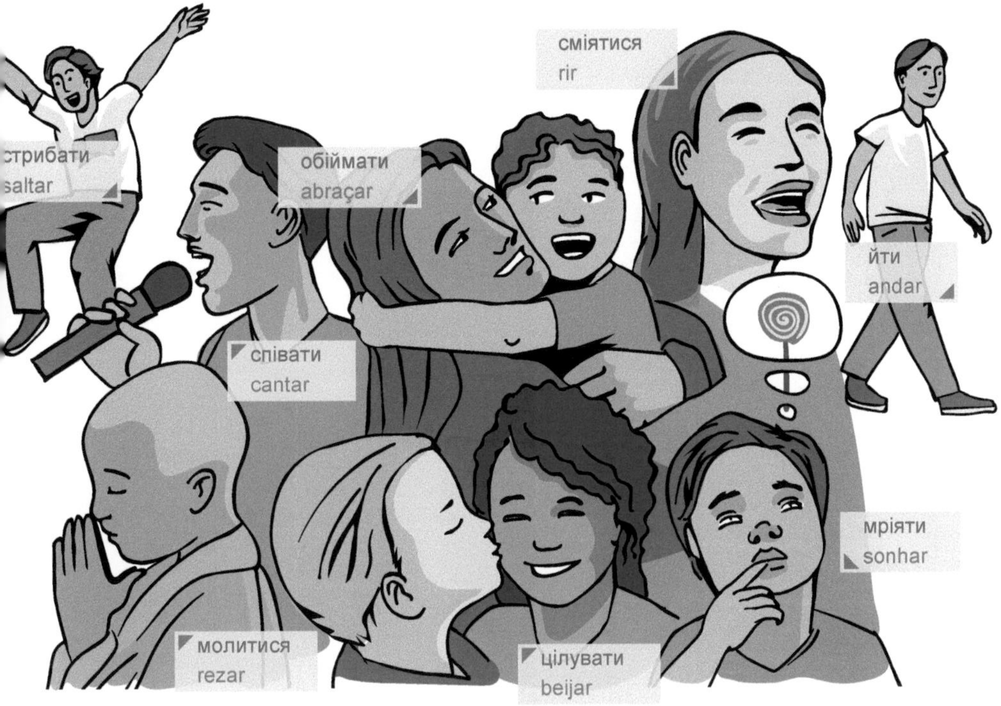

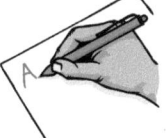

писати

escrever

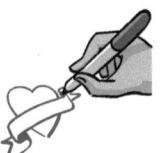

малювати

desenhar

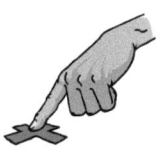

показувати

mostrar

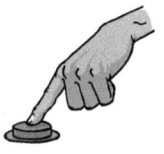

тиснути

empurrar

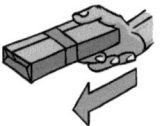

давати

dar

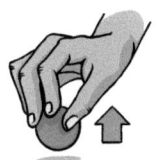

брати

tomar

мати

ter

робити

fazer

бути

ser

стояти

ficar de pé

бігати

correr

тягнути

puxar

кидати

remessar

падати

cair

лежати

deitar

очікувати

esperar

носити

carregar

сидіти

sentar

одягати

vestir

спати

dormir

просипатися

acordar

дивитися

olhar para

плакати

chorar

гладити

acariciar

розчісувати

pentear

розмовляти

falar

розуміти

compreender

питати

perguntar

слухати

ouvir

пити

beber

їсти

comer

прибирати

arrumar

любити

amar

варити

cozinhar

їхати

conduzir

літати

voar

дії - atividades

йти під вітрилом

velejar

рахувати

calcular

читати

ler

вчитися

aprender

працювати

trabalhar

одружуватися

casar

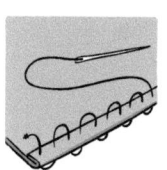

шити

costurar

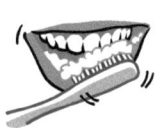

чистити зуби

escovar os dentes

убивати

matar

курити

fumar

посилати

enviar

сім'я
família

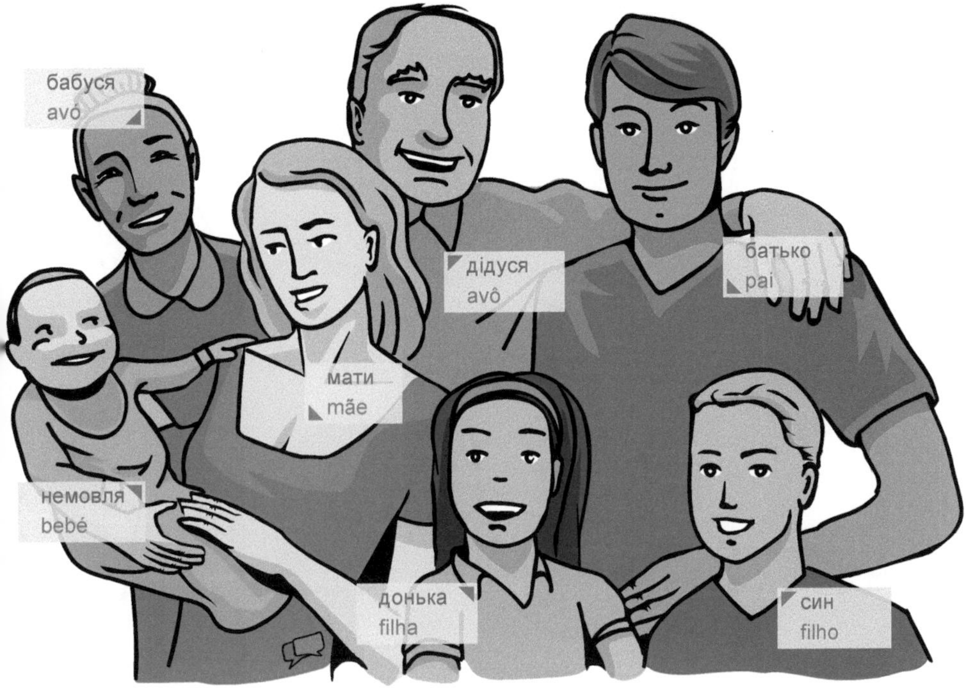
бабуся
avó
дідуся
avô
батько
pai
мати
mãe
немовля
bebé
донька
filha
син
filho

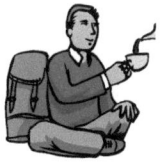

гість

convidado

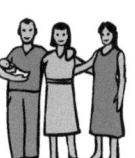

тітка

tia

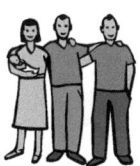

дядько

tio

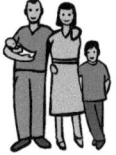

брат

irmão

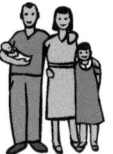

сестра

irmã

тіло

corpo

чоло
testa
око
olho
плече
ombro
палець
dedo
обличчя
cara
підборіддя
queixo
кисть
mão
нога
perna
груди
peito
рука
braço

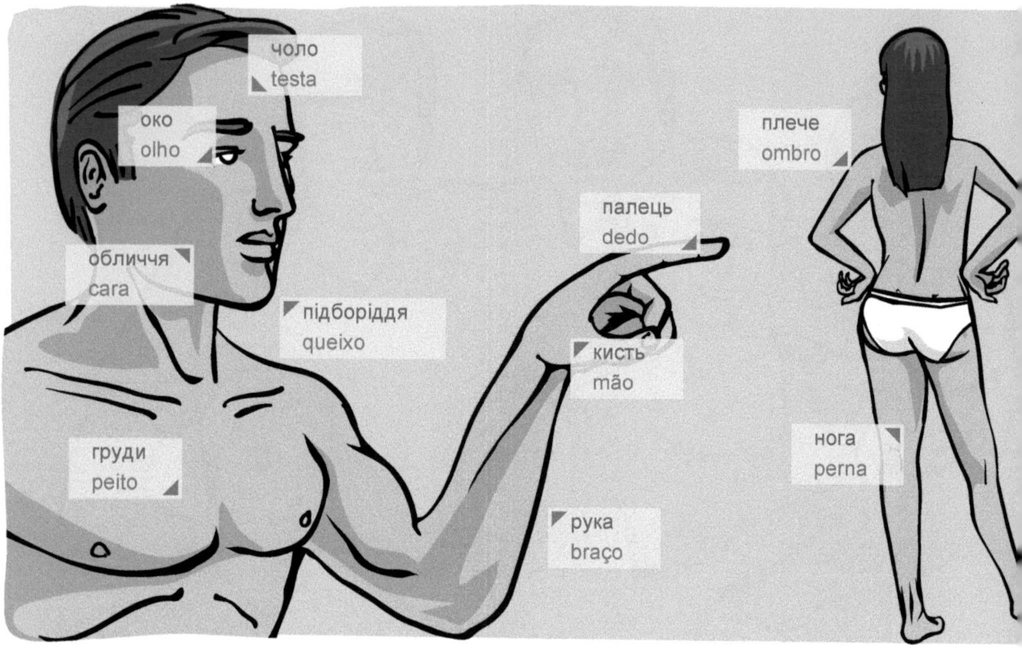

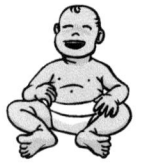

немовля
bebé

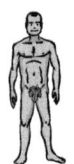

чоловік
homem

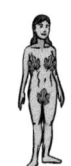

жінка
mulher

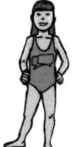

дівчина
menina

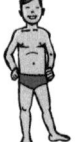

хлопчик
menino

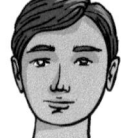

голова
cabeça

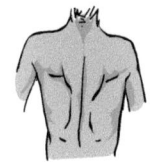

спина
costas

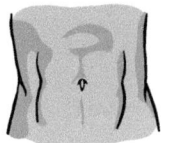

живіт
barriga

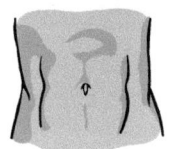

пуп
umbigo

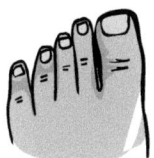

палець ноги
dedo do pé

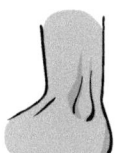

п'ята
calcanhar

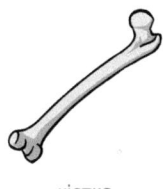

кістка
osso

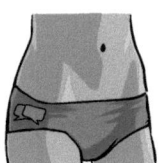

стегно
anca

коліно
joelho

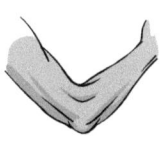

лікоть
cotovelo

ніс
nariz

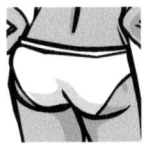

сідниці
nádegas

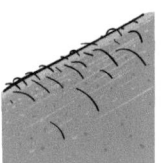

шкіра
pele

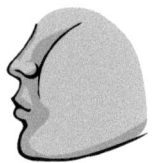

щока
bochecha

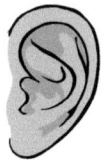

вухо
orelha

губа
lábio

рот

boca

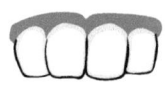

зуб

dente

язик

língua

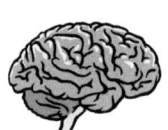

мозок

cérebro

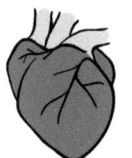

серце

coração

м'яз

músculo

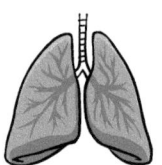

легені

pulmão

печінка

fígado

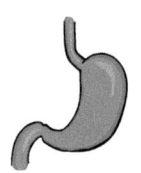

шлунок

estômago

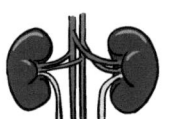

нирки

rins

статевий акт

relações sexuais

презерватив

preservativo

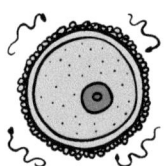

яйцеклітина

óvulo

сперма

esperma

вагітність

gravidez

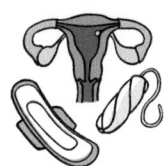

менструація

menstruação

вагіна

vagina

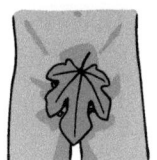

пеніс

pénis

брова

sobrancelha

волосся

cabelo

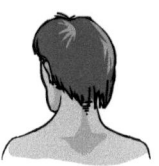

шия

pescoço

лікарня
hospital

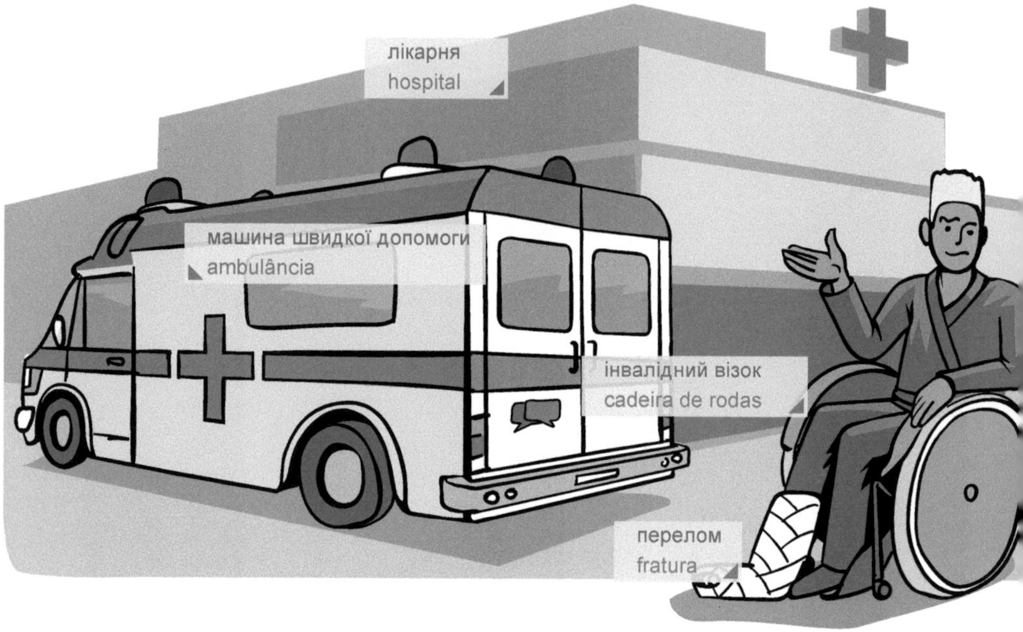

лікарня
hospital
машина швидкої допомоги
ambulância
інвалідний візок
cadeira de rodas
перелом
fratura

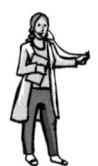

лікар

médico

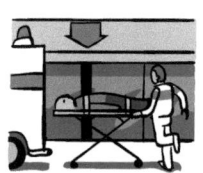

відділення швидкої медичної допомоги

serviço de urgências

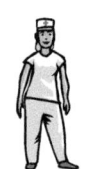

медсестра

enfermeira

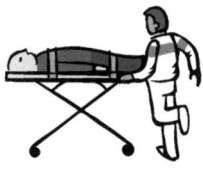

аварійний випадок

emergência

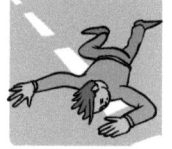

непритомний

inconsciente

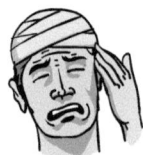

біль

dor

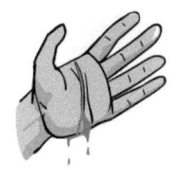

травма

ferimento

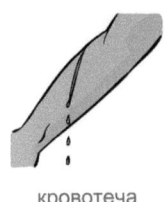

кровотеча

hemorragia

інфаркт

ataque cardíaco

інсульт

dente vascular cerebral

алергія

alergia

кашель

tosse

лихоманка

febre

грип

gripe

пронос

diarreia

головна біль

dor de cabeça

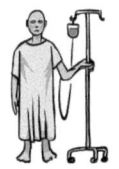

рак

cancro

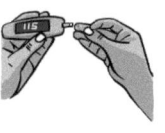

діабет

diabetes

хірург

cirurgião

скальпель

bisturi

операція

operação

КТ

CT

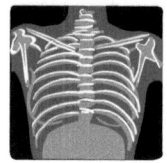

рентген

raio x

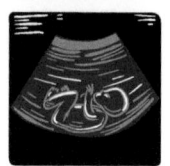

ультразвук

ultrassom

маска

máscara

хвороба

doença

зал очікування

sala de espera

милиця

muleta

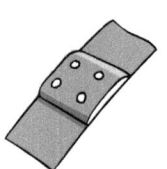

пластир

penso rápido

пов'язка

ligadura

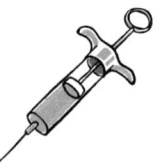

ін'єкція

injeção

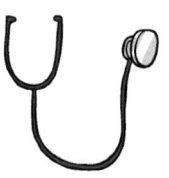

стетоскоп

estetoscópio

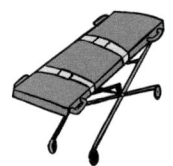

ноші

maca

термометр

termómetro

народження

nascimento

надмірна вага

excesso de peso

слуховий апарат

aparelho auditivo

дезінфікуючий засіб

desinfetante

інфекція

infeção

вірус

vírus

ВІЛ / СНІД

HIV / SIDA

медицина

medicamento

вакцинація

vacinação

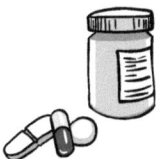

таблетки

comprimidos

протизаплідна пігулка

pílula

екстрений виклик

amada de emergência

тонометр

dispositivo de medição de
pressão arterial

хворий / здоровий

doente / saudável

Допоможіть!

Socorro!

напад

assalto

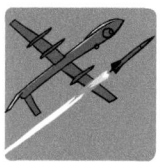

атака

ataque

небезпека

perigo

аварійний вихід

saída de emergência

Вогонь!

Fogo!

вогнегасник

extintor de incêndios

аварія

acidente

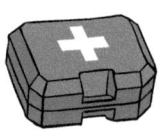

аптечка

estojo de primeiros socorros

СОС

SOS

поліція

polícia

Європа
Europa

Північна Америка
América do Norte

Південна Америка
América do Sul

Африка
África

Азія
Ásia

Австралія
Austrália

Атлантика
Atlântico

Тихий океан
Pacífico

Індійський океан
Oceano Índico

Антарктичний океан
Oceano Antártico

Північний Льодовитий
океан
Oceano Ártico

Північний полюс
Polo Norte

Південний полюс

Polo Sul

Антарктика

Antártica

Земля

terra

суша

país

море

mar

острів

ilha

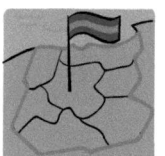

нація

nação

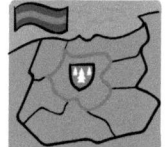

держава

estado

циферблат

mostrador do relógio

годинникова стрілка

ponteiro das horas

хвилинна стрілка

ponteiro dos minutos

секундна стрілка

onteiro dos segundos

Котра година?

Que horas são?

день

dia

час

tempo

зараз

agora

цифровий годинник

relógio digital

хвилина

minuto

година

hora

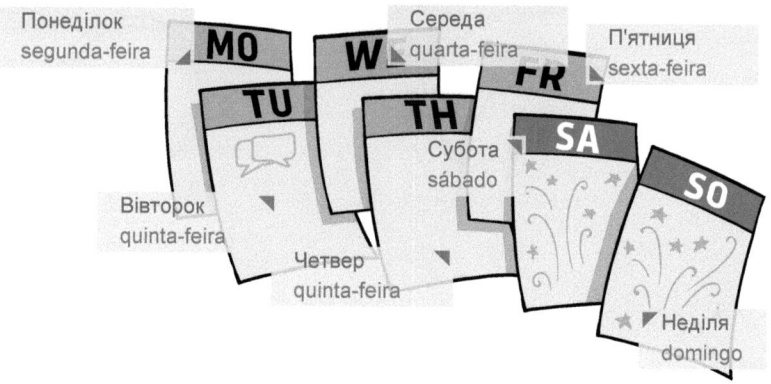

Понеділок
segunda-feira

Середа
quarta-feira

П'ятниця
sexta-feira

Вівторок
quinta-feira

Четвер
quinta-feira

Субота
sábado

Неділя
domingo

вчора

ontem

сьогодні

hoje

завтра

amanhã

ранок

manhã

опівдні

meio-dia

вечір

entardecer

робочі дні

dias úteis

кінець робочого тижня

fim de semana

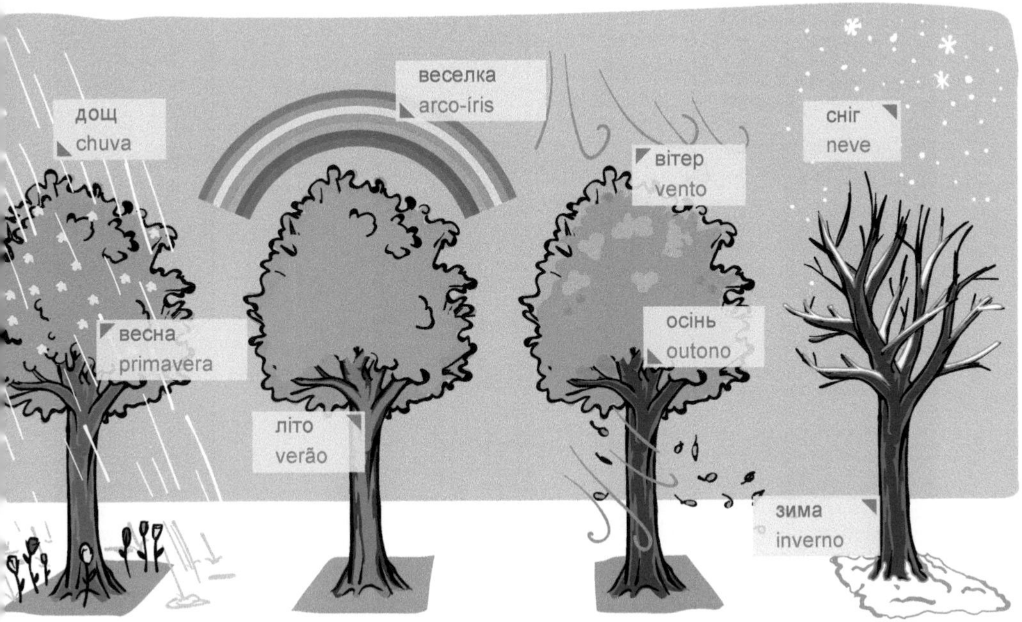

дощ
chuva

веселка
arco-íris

сніг
neve

вітер
vento

весна
primavera

осінь
outono

літо
verão

зима
inverno

4.APRIL	11°	☀
5.APRIL	4°	☁
6.APRIL	13°	☂
7.APRIL	8°	❆
8.APRIL	10°	☀

прогноз погоди

previsão do tempo

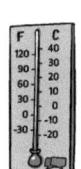

термометр

termómetro

сонячне світло

raios de sol

хмара

nuvem

туман

neblina / nevoeiro

вологість повітря

humidade do ar

блискавка

relâmpago

грім

trovão

шторм

tempestade

град

granizo

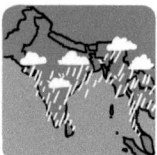

мусон

monção

повінь

inundação

лід

gelo

Січень

janeiro

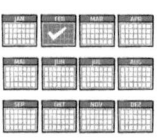

Лютий

fevereiro

Березень

março

Квітень

abril

Травень

maio

Червень

junho

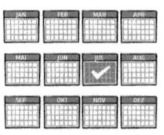

Липень

julho

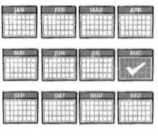

Серпень

agosto

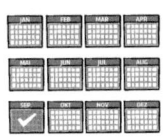

Вересень
....
setembro

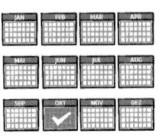

Жовтень
....
outubro

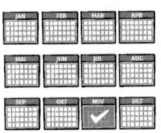

Листопад
....
novembro

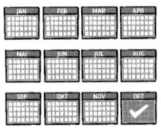

Грудень
....
dezembro

форми
formas

круг
....
círculo

квадрат
....
quadrado

прямокутник
....
retângulo

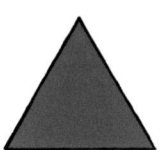

трикутник
....
triângulo

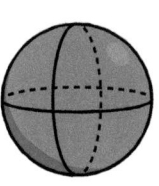

куля
....
esfera

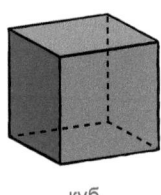

куб
....
cubo

білий

branco

жовтий

amarelo

помаранчевий

laranja

рожевий

rosa

червоний

vermelho

фіолетовий

lilás

синій

azul

зелений

verde

коричневий

castanho

сірий

cinzento

чорний

preto

багато / мало

muito / pouco

лютий / мирний

furioso / calmo

гарний / бридкий

lindo / feio

початок / кінець

princípio / fim

великий / малий

grande / pequeno

світлий / темний

claro / escuro

брат / сестра

irmão / irmã

чистий / брудний

limpo / sujo

завершений /
незавершений
completo / incompleto

день / ніч

dia / noite

мертвий / живий

morto / vivo

широкий / вузький

largo / estreito

їстівний / неїстівний

comestível / não comestível

злий / дружній

mau / gentil

збуджений / нудьгуючий

entusiasmado / entediado

товстий / тонкий

gordo / magro

спочатку / востаннє

primeiro / último

друг / ворог

amigo / inimigo

повний / порожній

cheio / vazio

жорсткий / м'який

duro / macio

важкий / легкий

pesado / leve

голод / спрага

fome / sede

хворий / здоровий

doente / saudável

незаконний / законний

ilegal / legal

розумний / дурний

inteligente / burro

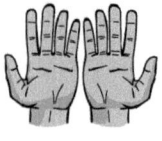

вліво / вправо

esquerda / direita

поруч / далеко

perto / longe

овий / використаний

novo / usado

нічого / щось

nada / algo

старий / молодий

velho / jovem

вкл / викл

ligado / desligado

відкрито / закрито

aberto / fechado

тихо / гучно

baixo / alto

багатий / бідний

rico / pobre

правильно / неправильно

certo / errado

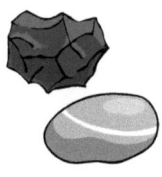

шорсткий / гладкий

áspero / liso

сумний / щасливий

triste / feliz

короткий / довгий

curto / longo

повільно / швидко

lento / rápido

вологий / сухий

molhado / seco

гарячий / холодний

ameno / fresco

війна / мир

guerra / paz

0

нуль

zero

1

один

um

2

два

dois

3

три

três

4

чотири

quatro

5

п'ять

cinco

6

шість

seis

7

сім

sete

8

вісім

oito

9

дев'ять

nove

10

десять

dez

11

одинадцять

onze

12

дванадцять

doze

13

тринадцять

treze

14

чотирнадцять

catorze

15

п'ятнадцять

quinze

16

шістнадцять

dezasseis

17

сімнадцять

dezassete

18

вісімнадцять

dezoito

19

дев'ятнадцять

dezanove

20

двадцять

vinte

100

сто

cem

1.000

тисяча

mil

1.000.000

мільйон

milhão

англійська

inglês

американська англійська

inglês americano

китайська
високочиновницька

chinês mandarim

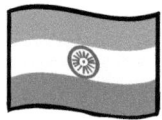

хінді

hindi

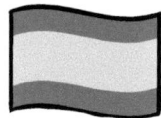

іспанська

espanhol

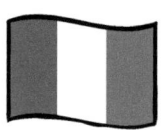

французька

francês

арабська

árabe

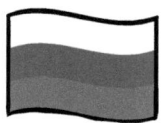

російська

russo

португальська

português

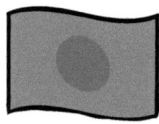

бенгальська

bengalês

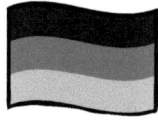

німецька

alemão

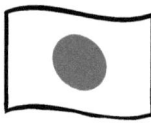

японська

japonês

я
eu

ти
tu

він / вона / воно
ele / ela

ми
nós

ви
vós

вони
eles / elas

хто?
quem?

що?
o quê?

як?
como?

де?
onde?

коли?
quando?

ім'я
nome

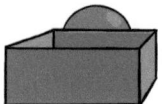

ззаду

atrás

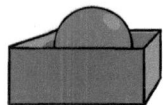

в

em

перед

à frente de

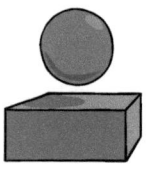

над

sobre

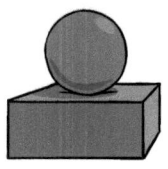

на

em cima

під

debaixo

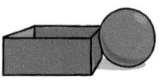

біля

ao lado

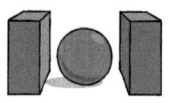

між

entre

місце

lugar